내일이면 필 꽃 오늘이 더 아름답다

내일이면 필 꽃 오늘이 더 아름답다

시산맥 감성기획시선 093

초판 1쇄 발행 | 2023년 05월 12일

지은이 이기홍
펴낸이 문정영
펴낸곳 시산맥사
편집주간 김필영
편집위원 신정민 최연수
등록번호 제300-2013-12호
등록일자 2009년 4월 15일
주소 03131 서울특별시 종로구 율곡로 6길 36.
월드오피스텔 1102호
전화 02-764-8722, 010-8894-8722
전자우편 poemmtss@naver.com
시산맥카페 http://cafe.daum.net/poemmtss

ISBN 979-11-6243-373-7(03810)

값 10,000원

* 이 책은 전부 또는 일부 내용을 재사용하려면 반드시 저작권자와 시산맥사의 동의를 받아야 합니다.
* 이 책은 교보문고와 연계하여 전자북으로 발간되었습니다.
* 본문 페이지에서 한 연이 첫 번째 행에서 시작될 때에는 〈 표기를 합니다.
* 저자의 의도에 따라 작품의 보조 동사와 합성 명사는 띄어쓰기가 달라질 수 있습니다.

내일이면 필 꽃 오늘이 더 아름답다

이기홍 시집

■ 시인의 말

밭을 일구듯 詩를 일구려고
몸부림치는 새벽

아직
내 시의 근육은
불거지지도 않았는데

봄은
알록달록한 꽃들 데리고
잰걸음으로 멀어질 때

나는
부르튼 입술에 침을 바르고
새움 돋는 들판으로 나선다.

2023. 4월
이기홍

■ 차 례

1부 이름 없는 날도 봄이 되고

주름의 기억	19
건널목이 운다	20
날개가 가쁘다	22
달무리에 갇힌 보름달	24
바람의 냄새	26
벽의 배후	28
지난 계절로 서 있다	30
침묵하는 식탁	32
내가 자란 집	34
會者定離	35
칭찬받고 싶은 새댁	36
그렇다더라	38
어렴풋한 기억	40
엊저녁 꿈 이야기	42
바른길로 가시오	44
지푸라기의 힘	45
본 적도 없으면서	46
외로움도 친구가 된다	48

2부 시간이 지나는 소리

윙크	53
별이 별을 건널 때가 있다	54
마음에 품고 산다	56
마스크를 쓰지 못한 불꽃	58
다보탑이 에펠탑을 내려다본다	60
어제는 열아홉 살	62
검룡소의 숨소리	64
잘못 든 길	66
아직도 여행 중	68
도란도란	70
낙엽이 우는 밤	72
부뚜막지기	74
구름 편지	76
여자들의 촌수	78
동짓날	80
자물쇠 사랑	82
고택에 들면	84
둘레길에서	85

3부 열매는 아무 소리 없이 익는다

대물림이 넘실거린다	89
別離	90
숨어 흘린 눈물	91
맛	92
단오端午	93
한눈팔다가 깨닫는다	94
어둠을 주워 담는다	96
봄의 그늘	98
변신하는 모과	99
나는 다 보고 있다	100
그리움의 부활	102
소가죽 구두의 초원	104
찍찍이는 알고 있다	106
돌고래	108
냉면	110
덕수궁 돌담길	111
단풍의 예별袂別	112

4부 마음에 숨긴 그림자가 더 무겁다

내가 부르는 노래	115
1004	116
소금산에서	118
눈이 침침하여 글인지 그림자인지 모르겠다	120
울기만 하다가요	122
창포	124
그 우물	125
낯선 곳을 떠다니고 낯선 사람을 만난다	126
대관령 양 떼 목장	128
알 수 없는 일	130
무한 리필	132
부부제약	134
비 오는 날	135
어머니 말씀	136
우리와 많이 닮았다	137
징검다리	138
탁갑 소리	140

■ 해설 | 박남희(시인, 문학평론가) 143

1부

이름 없는 날도 봄이 되고

주름의 기억

일개미가 제 몸보다 열 배나 큰 애벌레를 끌고 간다
아니 애벌레가 일개미를 끌고 간다
서로를 부둥켜안고 이리 뒹굴 저리 뒹굴
목마른 꿈속처럼
하늘을 올려다보고 땅을 내려다보고

주름과 주름 사이
팽창하는 힘이 일개미를 물면
애벌레의 꿈 서서히 날아오른다

허공의 난간을 붙들고 전진하는 고난의 순례길
시작도 끝도 보이지 않는 길

전생의 뿌리가 내비게이션을 따라온 것처럼
익숙하지도 않은 생의 주름을 폈다 오므리며
한번 살아보겠다고, 기어이 살아내겠다고

건널목이 운다

유모차를 끌고 가는 할머니의 꼬부린 허리
땅을 끌어 올린다
무당벌레처럼 납작 엎드려도
떨어지지 않는 걸음마
왼발이 오른발을 끌고
오른발이 왼발을 끌며 시간을 재촉한다

건널목 저편에서
엄마 모습이 어른거린다
손을 잡아당기면
입안에 달콤한 젖 내음이
울컥울컥 담길 것 같다

시간은
딱 3초 남아 있다

나이를 짊어진 무게
빠져나오지 못했는데
신호등이 등을 떠민다

〈
텅 빈 길을 잃고 헤매는 순간
숨죽이고 있던 어둠 미끄러져 내린다

한 번도 가본 적 없는 길가에
만개한 꽃들
아무 표정 없이 서서히 시들어간다

신호등에는 다시 30초가 켜진다

날개가 가쁘다

신발이 없는 새들은 허공을 신고 다닌다

빈 하늘에 걸려 있는
무거운 공기를 튕기며
이정표 없는 길 기진맥진 날아다닌다

해 질 녘 갈대숲은
새들의 피로를 풀어놓는 안식처
질서 있는 날갯짓으로
바람을 가르고 온 노숙의 날들이
날이 밝은 줄도 모르고 소근거린다

하얀 겨울이 깊이 파고들어도
편을 가르지도 싸우지도 않는다
집값이 뛰고 전셋값이 올라도
짊어진 가방 하나 없어도 부족한 게 없다

비릿한 풀냄새 한 모금으로 기운을 얻어
파란 하늘로 날아오르는 날개의 유전자

〈
수평선과 지평선을 접어보려고
높이 끌고 올라가 보지만
번번이 놓치고 마는 아득한 세상

제 나이 허공에 흩뿌리며
계절을 갈아입는 날개가 가쁘다

달무리에 갇힌 보름달

저 아픈 편지들은 누가 다 보냈나

빨간 우체통이
봉함된 편지들을 가득 안고 서 있네

무거운 짐 나누어진 거리의 입김
흰 눈이 되어 세상을 덮네

붉어진 마음 다 떨어지고
삶의 얼룩
조금씩 조금씩 덜어놓고 가네

흐르는 물은 배를 띄울 수도 있지만
때로는 배를 뒤집을 수도 있어

촛불도 합치면 하늘까지도 밝히고
함성도 뭉치면 천둥이 된다네

어둠이 어둠에 빠져

거품이 꺼지면

봉함된 소식

조용히 걸어 들어와 달무리 걷어내겠네

바람의 냄새

떠나고 도착하는 사람들에게선 바람의 냄새가 난다
하염없이 떠도는 구름의 냄새
마음에 남는 인연들의 냄새가 모두 다른 것처럼
낡은 신발마다 다른 사연을 가지고 있다

길이 얼마나 아득한지는 걸어봐야 알겠지만
사람과 사람이 만나보면 어느 누가
인생의 답을 알고 있을는지 모른다며
구부러진 뒤축을 일으켜 세운다

낯선 세계를 찾아가는 길 위에
자신을 내려놓기가 그리 쉬운 일은 아니다
때로는 입술을 깨물어야 하고
때로는 눈을 똑바로 뜨고 정신을 가다듬어야 한다

길을 찾기 위해 하루 종일 허둥대다 보면
방금 스친 인연도 알아보지 못할 때가 있다

떠나는 사람이 있으면 기다리는 사람도 있다

밤이 깊을수록 별이 더욱 빛나는 것처럼
오래된 솜이불 밑 사연은 늘어나고
불빛도 시들어 잠이 든다

햇살을 널어 말리기 좋은 넓은 마당에
묵은 된장 냄새 풀풀 풍기는 이 집은
떠돌다 찾아든 내 발자국 소리에 긴장을 푼다

벽의 배후

밀리지도 만져지지도 않는 누런 벽이 달려든다
첨단기구로도 뚫을 수 없는 사방을 만들고 있다
연기도 아니면서 연기의 모습으로
땅끝에서 하늘까지 시야를 가둔다
남산 어린싹이 눈을 비빌 때
차마 울음도 터뜨리지 못할 때
아지랑이 흉내를 내면서 서해를 건너왔다
사막이라는 이름으로 갈증 난 날들을 연명해도
주인이 나 몰라라 방관해
독충의 호흡으로 살아왔을까
불원천리를 달려와 허공을 떠돌아도
내려앉을 자리가 없다고
차마 낯선 땅을 더럽힐 수 없다고
들이쉬고 내쉬는 나의 숨통을 틀어쥔다
살살 달래주려고 해도
미세한 것들 겹겹 허공을 점령해간다
콘크리트 벽도 철벽도 아닌 벽이
내 앞길 가로막는다
방구석에 가둬 놓고 카멜레온 같은 봄을 앗아간다

기왕이면 자금성 황금빛으로 와 환하게 빛날 일이지
기화된 밤의 찌꺼기처럼 떠돌며
앙칼진 풍향계를 휘두르고 있다
초록이 무성한 자리에
무자비하게 풀어놓은 황사의 주인은 누구인가
불투명한 정체를 조작하는 배후를 찾는다

지난 계절로 서 있다

숲과 나의 경계가 없어진다
햇살이 좋아
바람도 같이 기대어 쉬고 있다

탁해진 마음을 내려놓고
긴 시간을 흘려보낼 때
느닷없는
꽃들의 웃음소리 듣는다

마지막 남은 이파리 하나
가쁜 숨을 몰아쉬며
떨어진 낙엽 속으로 뛰어든다

아껴둔 책을 읽듯이 천천히
꽃과 나무들 눈을 맞춘다

낙엽 하나를 집어 든다
그물에도 걸리지 않는 바람처럼 행복하냐고
한 주먹 방석 삼아 팔베개하고 누우면

하늘에는 해도 떠 있고
움푹 파인 그믐달도 떠 있어
지나온 계절처럼 나 거기에 서 있다

침묵하는 식탁

쾅 하고
문 닫히는 소리만 귀에 박힌 어머니
쿠쿠 밥솥을 누른다

-쿠쿠가 맛있는 취사를 시작하겠습니다

-그래 수고 하그라
군내 나는 어머니의 입이 열린다

-증기 배출이 시작됩니다
취취취이

-뜸 들이기 시작합니다

증기기관차가 달리기 시작한다
어머니가 몰고 간다
긴긴 세월을 끼니마다
김을 빼 온 삶을 끌고 간다
내가 떠넘긴 침묵이 기적소리를 생산한다

〈
쿠쿠가 명령한다
-밥을 잘 저어주세요

쿠쿠에게 고분고분 복종하는 어머니
모락모락 피어오르는 김에 갇힌 고소한
표정이 흐릿흐릿 녹아내린다

식탁에 모여 앉은 우리 형제
꾸역꾸역 침묵만 밀어 넣는다
열 받은 쿠쿠 밥솥 빨갛게 눈을 부라리고
동생과 나를 노려본다

내가 자란 집

초가지붕 처마는 참새들의 차지

방문은 너무 낮아 가끔
이마를 들이받곤 했다

지붕 한가운데 따리처럼 구멍이 뚫려서
더위에 지친 햇빛도 드나들며
어린 나와 만화책을 볼 때면
우물가에 등목하는 아버지와
어머니의 웃음소리가 정겹게 들렸다

탐스럽게 익은 감나무를 쳐다보며
침을 삼키던 동네 사람들

작지만 아늑한 방 안에 등잔불 켜놓고
할머니의 구수한 옛날이야기로
질화로가 식어가는 줄도 모르던 꿈
샘물처럼 솟구치던 집
그것이 행복인 줄도 모르던
그 시절 그 집, 내가 자란 집

會者定離

아름드리 노송이 발목을 잡는다

옥잠화꽃들이 손목을 잡는다

하얗게 오르내리며 키운

고운 정 미운 정

낭떠러지 찔레꽃 마음을 잡는다

뒤도 안 돌아보고 뒤도 안 돌아보고

서둘러 피었다지는

당신이 떨어뜨린 아름다운 그림자

칭찬받고 싶은 새댁

쑥버무리가 먹고 싶어서
주린 배를 움켜쥐고 들판으로 가면
머리를 쑤욱 내미는 아기 쑥
땅속에도 색깔이 있다는 듯
초록 이파리들
양팔 벌리고 새댁을 부르네

쑥쑥 모가지 잘린 것들 바구니 가득 차오네

칭찬받고 싶은 발걸음에 날개를 다네

쌀가루에 버무려 켜켜이 시루에 넣고
침 한번 꿀컥 삼키네

풀풀 김이 오르는 떡시루
진한 쑥 향이 식솔들을 불러 모으네

마파람에 게 눈 감추듯
한계령보다 높은 보릿고개

앞을 막아서네

입맛만 다신 주린 배
가족들 칭찬으로 배를 채우네

그렇다더라

나비 한 마리 시절을 잘못 만나 날개를 접었다더라
원미산 진달래꽃 봄보다 먼저 나서려다가 된서리를 맞고
봄날 연못을 가득 메운 개구리들 목이 터지도록 함성을 지른다
이름 없는 날도 봄이 되고 이름 없는 꽃도 향기로운데
산을 짊어지고 산 어머니 이제 겨우 하늘 보고 살려는데
생의 칸 칸마다 맺힌 매듭이 유모차 끌고 간다
올망졸망 어린 새끼들 웃음소리에
어미 아비는 골 빠졌는데 새끼들은 제 갈 길로 갔다더라
가만히 보기만 해도 두근거리는 달과 별
평생 다투는 일은 없었을까?
굴뚝을 빠져나온 연기 버릴 거 다 버리고 산등성이 넘을 때
무시래기 삶은 냄새도 따라간다
세월이 갈수록 닮아 가는 부부는 잡은 손을 절대 놓는 법이 없고
눈을 껌벅이며 앉아 있는 잠자리 대낮에도 밤의 꿈을 꾼다는데
출출한 사람들이 강물처럼 몰려들더니
뒤돌아서 생각해 보니 헛된 꿈
밤을 잊은 사람들 새벽잠을 찾으러 밤새도록 헤맨다더라

콘크리트 울타리에 갇힌 사람들
약이 없는 약을 먹듯 시름시름 미쳐가고
마당 넓은 집에서 하늘 보고 사는 것 이제는 다 틀렸다더라

어렴풋한 기억

내가 하늘을 쳐다보고 웃으면
땅은 나를 보고 웃겠지

어둠이 무릎까지 차올라
길을 잃어
묵은 기억 한 자락 꺼내
뒤집어 보지

한 번도 가본 적이 없는 길
저절로 커지는
고요로 멈춰 있는 적막 들여다보지

발자국 소리가 그리워지는 곳
흰 나비 날개가 꿈을 꾸며
날아오르는 봄

쌀쌀할 겨를 없이
따듯할 겨를 없이
살금살금 기어 나와

〈
사람들이 놓고 간
잊어버린 것들을 주워 담지

엊저녁 꿈 이야기

젊어서도
늙어서도
돌아가신 지 십수 년이 지났는데

마당 가에 쓰레기 다 치우시고
잡풀 다 뽑으시고
허리가 더 굽어지셨네

댑싸리 빗자루로 휘휘 저어
넓은 마당 깨끗이 쓸어놓고

아무 말도 안 하시고
그냥 돌아서 가시려구요

오실 때 아버지랑 같이 오셨으면
더 좋았을걸

아침에도
저녁에도

바듸굴*만 쳐다보면 힘이 납니다
저세상에 가셔서도
자식들 돌보시는 어머니

오시는 줄 알았으면 쑥버무리라도 해 놀걸

내일은 어버이날
우리 자식들은 어떻게 해야 합니까

당신으로 인하여
우리 형제들
이렇게 사랑으로 어우러져
아름다운 꽃을 피우고 있답니다

이제 걱정하지 마세요
꿈이어서 섭섭합니다

* 묘지가 있는 산의 골짜기 이름

바른길로 가시오

　새 신발을 신고 묵은 발자국으로 들어가면 불어 터진 뒤꿈치들 길을 잃고 포개져 있다 새들이 마구 짓밟고 지나간 자리에 풀뿌리가 쑤시고 들어온다 발자국 위에 또 발자국들이 신음하고 있다 직진도 없고 좌회전 우회전도 없는 길 노란 하늘만 보인다

　찌든 냄새가 나는 길에서는 목마른 단내가 나고 이정표는 보이지 않는다 앞서간 발자국들이 숨어서 노려보고 있어 아는 자는 조심조심 가고 모르는 자는 천방지축 간다

　묵은 발자국에게 길을 물으면 포개진 흔적들이 대답한다

　-가고 싶은 곳은 발길 닿는 대로 가되 욕심을 덜어내고 바른길로 가시오

지푸라기의 힘

엄마는 지푸라기 한 다발 깔아 놓고 나를 낳았다지

보이는 건 다 목마른 것들뿐
지루한 하루를 헹구어낸 그림자들뿐

세상을 뚫고 나온 첫울음이
헛발질부터 배웠겠지

한 줌 햇살이 찢어진 문틈으로
들여다보았을 것인데

손에 잡은 지푸라기 한 가닥
뿌리가 뻗고 잎이 자라 흙냄새 물씬 나면
갓 태어난 나비처럼 팔다리 퍼덕였겠지

뿌리 깊은 곳에서 끄집어낸 아픔으로
숨이 차오르는 가지마다
붉은 꽃 노란 꽃 피어났겠지
꼭 잡은 지푸라기 잡아당겨 벌떡 일어섰겠지

본 적도 없으면서

없는 말도 있는 말처럼
있는 말도 없는 말처럼
듣기만 해도 좋은 말이
입술에 걸려 있다

바람에 눈이 있다면
남몰래 숨겨둔 사랑
살짝 열어 보여 주고 싶다

숨소리를 낮추고
어렴풋해지는 생각
돋보기안경을 쓴 사람들 이해하며
한없이 작아진다는 것을 안다

생각하면 할수록 부풀어 오르는 마음
가뭄 든 가슴에 단비가 된다

아직 본 적도 없는 그대
언제나처럼 올 거라고 믿으며

기다리다 흘리는 눈물이 서러워지면
마른 입술에 침을 바른다

그대를 향한 발자국이 희미해질 때까지
맑은 이슬방울 하나 주워들고
없는 길을 하냥 걸어가고 있다

외로움도 친구가 된다

저만치서 표정 없이 걸어오는
이주 노동자
하늘에 오르지 못한 공기처럼 흐느적거린다

누구의 삶을 위해 저리 오래 붙잡고 있나
돌아가는 길 돌아오는 길 헷갈릴 때
혼자 지나가는 휘파람

조금만 더 라는 미련을 채우려고
거침없이 달려가는 길

때로는 아무 말도 하지 않지만
외로움도 친구가 된다

비 그치고 햇살이 눈을 뜬다

그대 머물다간 자리 환해진다

그리움의 불씨를 꺼내 불을 켜고

샛별을 쳐다본다
먼 데를 바라보는 눈빛
분명해 보이는 것이 있다

저 너머에 눈부신 아침이 떠올라도
먼 길을 돌아온 발자국 입을 열지 않는다

2부

시간이 지나는 소리

윙크

봄비 맞은 햇살 사이로 내다본 세상
볼 것이 너무 많다

가지마다 실눈 뜨고 눈치를 살핀다

불그스름 푸르스름
시샘 없이 어우러진
눈길 마주칠 때마다 일궈낸 색깔

두이레 만에 떠지는 강아지 눈처럼
떴다 감았다를 반복하며
갸우뚱갸우뚱 허벅지를 꼬집어본다

구름의 발자국을 따라가는 햇살
황량한 마음의 약이 되어
꽃과 새들이 봄을 붙잡는다

수다를 떨고 싶어 입이 간지럽다는 듯

별이 별을 건널 때가 있다

먼 길을 갈 때는 바람을 앞세운다

지난 일은 잊은 채로 살지만
버리고 싶지 않은 알곡처럼
붙들고 싶은 순간도 있다

하늘에 아름다운 그림 그리면서
별들과 별들이 숨바꼭질해
내가 찾지 못한 별들
어둠에서 노래 부른다

초하루가 보름으로 앞뒤가 바뀌는 소리

꿀맛을 본 개미 떼처럼
몰려드는 욕심들

아득한 시간의 바다를 지나려면
건너야 할 강들이 있다
〈

건너기 싫다고
돌아서 갈 수 있는 그런 강이 아니라
가난의 냄새가 풍기는 외로운 사람들
기러기가 넘어야 하는 국경처럼
뼈마디 쑤시는 날갯짓을 해야
건널 수 있는 강

마음에 품고 산다

무슨 사연이 있었는지도 모르면서
심장 뛰는 소리
지난 흔적을 뒤적인다

내가 태어나자
엄마 젖을 내어주었다는 누나
처음으로 불러보는 이름

엄마의 가슴을 내어주고
막연히 바라다보았을 어린 누나
애벌레처럼 꿈틀거리는 동생을
차마 밀어내진 못했을 것이다

걷다가 울다가 지쳐 쓰러지면
좀생이별이 와서 재워주었을 것이다

수십 년을 거슬러 가서
심폐 소생술로 살려낸다면
누나가 이 세상에 있다면

안개꽃 피는 가슴에 품고 살아볼 텐데

오래된 흑백 사진 속
할머니와 버들강아지 따 먹을 때처럼
맑은 물소리 새소리 들리는
시냇가 봄버들처럼 살아갈 텐데

마스크를 쓰지 못한 불꽃

혼자서 슬퍼하는 조화는 목이 말라도
눈물이 없어 젖지 못한다

멀리 가야 할 혼백
빈 들녘의 바람처럼
서로 앞서가려는 길 꽉 막혀 있어
마스크도 안 쓴 불꽃들 널름거린다

상주와 조문객
온기가 담긴 눈물 한 방울이 아쉽지만
슬픔 같은 건 벌써 바닥나 있다

고막을 울리지 못한 메아리
방향을 찾지 못하고
잃어버린 시간 속으로 빨려 들어간다

맞잡은 손 풀고
쓰리고 아픈 정 다 내려놓는다
〈

가볍게 여울에 빠진
소용돌이처럼
또 한 사람의 생애를 지운다

다보탑이 에펠탑을 내려다본다

지난 일은 잊은 채로 산다
집도 없이 남의 주머니 속에서 산다

하늘을 쳐다보지도 못하고
구름의 그늘에서 일식한다

노량진 수산 시장엘 갔다
신발도 안 신은 생선들이 숨을 멈춘 듯 웅크리고 있다가
펄쩍펄쩍 뛰며 부른다

아줌마는 자반고등어 한 손과
꼬막 한 봉지를 사고 내민 지전과 함께 동전은
생선 아줌마 행주치마 주머니 속으로 들어간다

보이는 것은 모두
뜬구름 잡다 떨어진 패잔병들과
장마당에 밟혀가며 삶을 지탱해온 동전*들
하늘의 문은 잠겨 있고
찌든 냄새는 이야기를 멈추지 않는다

〈
태연한 아줌마는 매의 눈초리로
횟감을 사러 온 사모님의 멋진 핸드백을 점찍는다
-여름에는 민어회가 보양식입니다, 탕도 좋구요
벌떡 뛰면서 시선을 끄는 민어
-그 뛰는 놈으로 주세요

동전은 생선 아줌마의 손에 잡혀 거스름돈으로
루이뷔통 핸드백으로 들어가
묘한 바람의 냄새를 찍어 먹어 본다
샤넬 향수 냄새를 맡으며 황홀경에 취한다

사모님은 표시 안 나게 혼자 미소 지으며
간질간질 해지는 마음을 억제하지 못하고
에펠탑을 올려다본다 민어는 공짜다

* 1970년 발행된 10원짜리 동전의 현재 시세는 25만 원입니다

어제는 열아홉 살

밖을 내다보며 몇 번을 망설였을까
꽃봉오리 움트는 소리
침묵이 꽃을 피우는 소리
내일이면 필 꽃 오늘이 더 아름답다

어제는 열아홉 살 오늘은 스무 살

파도 소린지 바람 소린지 알 수 없이
흔들어 준다

이별의 아픔은
잦아들다가 다시 활활 타오르는 산불처럼

보면 볼수록 투명해지고
깜깜한 메아리 환해진다

얼마나 많은 사람들이
이 찰나를
멍하니 기다렸을까

〈
아래위가 뒤섞이는 밤이 오고
너와 내가 희미해진다

어제는 열아홉 살 오늘은 스무 살

검룡소*의 숨소리

숨소리로 물을 자아올리지

수천 년을 호흡 멈춘 일 없이 퍼 올려
목마른 사람들 용솟음치게 하지

飮水思泉(음수사천)
한 모금의 물을 마셔도 그 물의 근원을 생각하라 는 말

계절이 잠시 봇짐을 풀어놓고 쉴 때도
어둑해지는 걸음걸이는 상관이 없다 했지
그 숨소리가
색깔이
맛이 여일하지

세월이 흘러 귓가에 발자국 소리 가득하고
주인이 바뀌어서 대왕의 주먹이 불끈 쥐었을 때도
화를 내거나 탓하지 않고
흐르고 흘러 한강의 기적을 이루었지
〈

아직 푸른 심장으로 숨을 쉬는 끈기
천변에 피는 꽃들 세상을 수놓고 지나와
한류는 세계로 흐르고
빨리 뛰는 맥박 언제나 앞서가지

아리수를 마시는 BTS는
온 누리의 빛이 되어 우뚝 솟아오르지

* 검룡소:한강의 발원지(강원도 태백시 대덕산에 있으며 명승 제 73호다)

잘못 든 길

온 길도 모르고 갈 길도 모르는 빈 발자국
희미한 웃음 머금고 노랑나비 쫓아다니네

속으로는 웃으면서 겉으론 아닌 척
익숙한 계절 찾아 들어가네

굶주린 늑대가 어스름 속으로
먹이 사냥을 다니는 것처럼
찾을 수도 없는 바람길 따라다니는 모습이지만
집에 돌아와서 문고리를 잡는 순간
삶의 여백으로 빠진 허기진 마음에
새 뿌리가 돋아나고 있네

경의선 발길 끊긴 간이역에 잘못 내린 승객이
오래전에 잃어버린 눈동자를 찾는다고
한나절을 헤매고 있을 때 나는 몽상가가 되어
별들과 함께 춤을 추고 있네

사는 게 그런 거 아니냐고

아침에 일어나서 세수하다가
물에 비친 얼굴을 내려다보네
어제도 보고 그제도 본 주름진 얼굴

아직도 여행 중

집 떠난 지가 여러 해 되었어요
자식들이 궁금할 때는
눈을 한 번 꼭 감았다 뜨면 다 보여요
시간이 지나는 소리
어깨 위로 쌓이는
탯줄 사위는 냄새를 기억하거든요
오가는 길에 편의점이 있어요
양념 대신 햇살을 찍어서
눈으로 보고 마음으로 배를 채웠어요
간식으로 추억을 하나씩 주워 먹어요
앞서간 사람들이 벗어놓고 간 오늘이
뜯어보지 않은 편지처럼 왔어요
행성을 쫓아다니는 사람들
어쩌다 마주치는 눈빛도 서먹해요
태극기를 달고 날아가는 누리호
있지도 않은 손을 흔들어요
손이 없는 곳
욕심은 허공에 묻는 유토피아에요
이제 은하수를 건너 안드로메다를 지나

명왕성에 가보고 싶어요
지구로부터 거리가 250만 광년이나 된다지요
좀 춥기는 해도
그곳에서 영주권이 나오면 정착하고 싶어요

도란도란

비 온 뒤에 나타난 햇살이
땅속에 스며들어 새싹들과 이야기하면
대지가 화사하게 푸르러지고

뿔뿔이 흩어지는 마음 붙잡고
외로움 채워주면
서성대는 그림자들 모여든다

속내를 털어놓는 친구와
오솔길을 걸으면서도
외로울 틈이 없다

쉬지 않고 날갯짓하는 겨울 철새도
무리 지어 날면 힘이 생긴다

노을에 취한 가을과 어우러져 놀다가
해 지는 줄도 모른다

혼자 가는 길은 발자국만 남지만

친구들과 함께 가는 길은
새길 낸다

평창에서 만난 남북 단일팀
밤새워 속내를 털어놓아 보기를

생명의 소리, 화합의 소리, 평화의 소리
행복을 나누는 소리, 희망의 소리

낙엽이 우는 밤

무거운 그림자로 밤이 걸어오고 있다

아름다운 가을이 낙엽을 가득 품고
신음하는 바람 뒤척인다

나무가 찢어버린 실연의 편지
혀끝이 옮긴 소문 들은 사람 있느냐고

검은 밤에 길을 잃고 헤맬 때
어른거리는 한숨 숨기며 가쁜 숨 참는다

어쩌면 좀생이별이
길라잡이가 되어줄지 모르지만
하늘 높이 뛰고 싶을 땐
입술이라도 앙다물어보라고 한다

비 오는 날 밤
숨겨놓은 별을 떠올리면
흐뭇한 미소가 번지지만

낙엽이 우는 소리에

광화문에서도
세종로에서도
거리를 지키는 가로등마다
심장이 멎을지도 모른다

부뚜막지기

보름달을 떠먹이던 놋주걱이
가마솥 누룽지 긁다가
초승달이 되었다

종갓집 며느리
허기진 배처럼
쑥 들어갔다

대가족 먹여 살리느라
무거운 등짐 가득 지고
할머니의 할머니도
벗어나지 못한 울타리

위로받을 수 없는 천직을
대물림하여

고봉밥 한 그릇 퍼주려고
부산만 떨다가
등허리가 휘어져

〈
보름달이 되고 싶은 초승달
부뚜막 지키고 있다

구름 편지

버리고 떠난 집
대문도 열려 있고
댓돌 위에 신발도 그대로다

차일 치고 동네 잔치하던
시간의 흔적 간데없고
빈 마당에 풀 번지듯
지난날들이 모여들어 떠들썩
맛있는 풍경 나누어 먹는다

빈집에서도 도란도란
추녀 끝에 빗물 떨어지는 소리
수다 떨던 주인과 이웃들 기다린다

강물이 바다를 거부하지 않는 것처럼
방황의 발길 받아 안는 고향

내년 봄 감꽃이 피면
우리 함께 누릴 시간을 위해

햇살 한 줌 봄 내음 한 술
듬뿍 피어올랐으면 좋겠다고

가을 하늘에 구름이 편지를 썼다

여자들의 촌수

90살 아랫동서는
84살 윗동서에게 형님이라 부른다
그것이 시댁 촌수

남편들은 뒷산에서 내려다보고
자식들은 도시로 가서
둘이서 고향을 지킨다

이 동서가 저 집에 가거나
저 동서가 이 집에 오거나
하루에도 수없이 오고 가며
정을 나눈다

노루 토끼가 친구가 되고
산까치가 마을을 지킨다

하루를 묵어가도 좋을
부엉이 우는 마을
〈

나무와 꽃과 풀
벌과 나비와 산새들이 모여
수다를 떤다

윗동서 아랫동서
맞잡은 손 놓지 않고
밤새도록 외로움 허문다

동짓날

동그란 머리 디밀며 풀떡풀떡
개구리 울음소리로 끓는 동지 팥죽

옛말에 어린애 베갯속 붉은 팥으로
팥죽을 쒀 먹으면
악귀를 쫓아내고
아이가 무병장수한다지

며느리는 베갯속
붉은 팥을 꺼내 팥죽을 쑤면서
눈물은 입으로 흐르고
절망은 목으로 삼켰다지

달림의 시간을 지나온 고된 세월은
주름살 뒤에 숨고

생선알 속에
백 가지 맛을 가진 바다가 들어 있는 것처럼
동지팥죽에도 그런 맛이 들어 있다지

〈
동지팥죽 끓이는 날
구들방 아랫목도
뜨끈뜨끈한 맛이 났다지

자물쇠 사랑

계절이 옮겨가면 마음도 변할까
물고 물린 사랑으로 성벽을 이룬 남산
봄이 붉게 피어나고 있다

잃어버린 사랑을 찾으려는 발걸음들이 모여들고
뜨거운 눈빛 반짝여도
사랑이 빠져나간 자물쇠는
녹슨 눈물만 흘리고 있다

바람에 흔들리지 않는 나무가 없는 것처럼
흔들리는 사랑도 있지만
그 숱한 사랑들 어디에서 행복할까

어설픈 사랑은 묶어 놓지만
참사랑은 눈빛만으로도 행복하고
세월이 갈수록 더 끈끈해진다

창공을 날 수 없는 사랑은
발이 불편한 신발을 신고 살아야 하는 것처럼

신음할 테지
어린싹이 눈을 비비며 일어나듯
행복을 꿈꾸는 남산에 이슬이 맺혀 있다

남산 타워에는 하얗게 그리움이 쌓이고
달맞이꽃에 내려앉은 나비 숨을 죽인다

고택에 들면

 큰 대들보 아래 눌러앉은 곰삭은 가문 헛기침부터 한다 몸에 뿌리내린 얼룩처럼 유전자가 파고들어 습관이 되어 있다 고택에 서리서리 배어 있는 오래된 색깔은 큰 어른의 기품 같은 것이어서 섣불리 들춰볼 생각은 언감생심, 댓돌 아래 아랫것들은 꼬부린 허리를 한 번 더 꼬부리고 검불도 없는 마당에서 빈 빗자루만 휘젓고 다닌다 어쩌다가 큰 어른의 장죽을 두드리는 소리에 양쪽 귀가 쫑긋 안팎이 분주해진다 때마침 나오는 교자상에는 산해진미가 종가의 풍미를 풍기고 대물림하는 씨간장으로 끓인 탕국 냄새 온 마을이 먹고도 남는다

둘레길에서

햇살 좋은 날을 작은 눈에 가득 담기는 호젓한 길 걷는다 얽매이지 않는 바람처럼 오아시스가 지천이어도 목을 축이지 않으면 무용지물, 꽃 같은 마음으로 보면 모두가 꽃으로 보이고 부처의 마음으로 보면 모두가 부처다 푸르디푸른 자연이 소곤소곤 모든 신비로움이 달아날까 봐 까치발로 걷는다 산길엔 말과 글로 배울 수 없는 것들이 즐비하게 널려 있다

3부

열매는 아무 소리 없이 익는다

대물림이 넘실거린다

땅에서 올려다보면
하늘로 오르는 계단이고
하늘에서 내려다보면
지난 시간이
출렁이는 물결로 보인다

구불구불 대물림하는 땀 냄새
위에서 내려다보면
가난이 첩첩이 쌓여
눌어붙어 있는 다랑이논

새벽잠 두 어깨에 짊어진
하룻볕 석양빛으로 넘어간다

굽은 허리 펴지도 못한 채
고단했던 아버지의 이야기가
층층이 넘실거려
등허리에 붙은 배
먹지 않아도 불러온다

別離

붙들고 있던 손을 놓쳤어
어두운 길을 헤매다가 땅에 떨어져
농익은 가을이 엉망이 되었어

오가는 발자국에 밟혀
모진 추위에 하루 종일 허둥지둥
눈동자는 방향을 잃었어

이른 아침 미화원 아저씨
빗자루를 들고 낙엽을 쓸어 담았어

마음 내려놓을 곳 없는 고운 색깔

어둠을 지우라는
차량들의 경적 요란한데

숙달되지 않은 나의 이별은
투박하지만 말랑한 엄마의 정이 그리웠어

숨어 흘린 눈물

꽃은 산들바람에 흔들거리지만
어머니는 쉬 꺾이지 않는다
숨죽여 부는 바람 소리처럼
남몰래 눈물을 흘리신다

선물 보따리를 싸시던 울퉁불퉁한 손등에서
지나온 삶의 그림자를 본다

오직 자식들 잘되라고
흐르는 눈물 소매 깃으로 씻어
가슴속에 숨긴다

자식들 보내고
혼자 돌아서는 뒷모습
서산에 지는 해를 닮은 쟁반 위에
쓸쓸함 가득하다

맛

시간은 기억보다 빨라도 열매는 아무 소리 없이 익는다

까만 밤하늘엔 우울증 걸린 별들
구름이 가는 방향 하릴없이 헤집는다

바람은 추운 겨울을 불러내기도
봄을 데려오기도 한다

사람과 사람이 만나 이야기가 쌓이면
보랏빛 구름이 되어 바람길 따라 흐른다

허공에 커튼을 치고 샛별을 마중한다

나이를 먹는다는 것은
오래 묵은 고목에서도
꽃이 피고 열매가 달린다는 것

삶에는 사랑도 이별도 어우러지는 것

뚝배기에 보글보글 끓는 묵은지 맛처럼

단오端午

족두리도 못 써본 처녀 머리칼에 바람이 든다

갑사댕기 치렁치렁
하늘을 차고 나는 그넷줄에
하얗게 잠들어 있는 푸른 심장 깨운다

어둠에 지친 별들 깊은 잠에 빠지고
부지런한 새들 새벽을 가른다

빗살 듬성듬성한 얼레빗으로
검은 머릿결을 빗겨줄 때
가슴에 번지는 풋 내음이
청보리 익는 들판을 난다

나뭇가지에 앉아서 보고 있던 새들
무슨 냄새를 맡은 듯
하늘의 푸른 살 찢고 들어간다

한눈팔다가 깨닫는다

나는 사과 속의 까만 씨
나는 사과 속의 까만 눈
까만 눈으로 세상을 내다본다

새빨개진 모습이 부끄러워
온몸을 웅크리고 있다
가을 속으로 숨어들면
무성하게 자란 욕망들이 비웃는다

먼 길 가다 길을 잃은 발걸음
깊은 사색에 빠져 있다
지나가는 사람의 인사를 받지만
웃음을 거슬러줄 여유 없다

까만 눈이 흰 것을 좋아하는 것은
낮과 밤이 뒤바뀌는 것
한눈팔다가
인생의 돌부리에 걸려 넘어지면
손을 잡아 일으켜 줘야지

〈
낙엽이 걸어온 길 덮어버렸어도
꾹꾹 눌러 담아도
새어 나오는 마음처럼
봄이 되면 다시 눈을 뜬다

어둠을 주워 담는다

자정을 지나 새벽으로 넘어가면
지하도 빈자리 찾아든 어깨를
어둠의 중심으로 밀어 넣는다

고단한 몸이 풍기는 땀에서
뒤죽박죽 섞이는 찌든 냄새
지나는 사람마다 들숨을 참고 빠른 걸음으로 지나간다
고독으로 짓무른 어둠을 가두어 놓는 눈
깊은 잠이 들었다

허공을 헛디디며 개꿈 꾸던 사람들
빛이 보인다고 눈을 비비고 크게 떠보지만
몸뚱이 여기저기서
아직도 눈치채지 못한 어둠이
스멀스멀 자라고 있다

부지런한 새벽이
조간신문을 들고 뛰어다니며
어둠을 깨운다

〈
간밤에 취한 술에
짓무른 영혼
미화원 집게에 물려
휴지통으로 들어가면

아직도 땅거미가 기어다니는 들판에는
은하수가 골라낸 조각별들 떨어진다

봄의 그늘

어제는
그렇게 곱더니
오늘은
땅에 떨어져 구르네

그새
이슬방울이 마르고
도도함이 고개 숙였네

강나루 벌
징검다리 건너온 훈풍
비우고 채워가며
저만치 지나가는데

여윈 눈그늘
밝은 햇살 한 모금으로
오월의 풀숲에서 일어나

비스무리한 그리움을 되새김질하며
지난 이야기로 날밤을 새우네

변신하는 모과

그림을 그려봐
향기로 그리는 그림
그 곱던 색깔 하루가 다르게
검버섯이 되어가고 있어
썩어가면서 그리는 벽화
루브르 박물관에서 보물이 될지도 몰라
네 몸의 검은 점들은 지난날의 훈장 같은 것
늙어 가는 마지막 눈물에서 싹을 틔워
꽃을 피워봐
계절을 착각하지 말고
다음 생을 떠올려봐
가슴에서 붉은 심장이 뛰고 있을 거야

나는 다 보고 있다

어쩌겠느냐
강 건너 사육신묘를 바라보며
청령포의 관음송觀音松*을 향해 큰절 올린다

조각구름 한 점도 무심한 게 없으니
푸른 하늘 붙잡고 뒹굴어본다
태풍에도 꿈쩍 않고 길게 뻗은 발가락으로
더듬어서 먹고 산다

어렵게 길러낸 새끼들 떽데구르
솔새 박새 곤줄박이 모여들어
솔방울 하나씩 물고
북한산 인왕산 남산으로 날아가
뼈대 있는 가문의 종자 아직 살아 있다

삶의 길은 저마다 달라 그대들
저녁 하늘 석양을 보고 있는가
청령포 서강에 떠 있던 구름 띄워 보내니
너무 슬퍼하지 말게나

〈

오르내리는 등산객 보며
거리의 소식 들었다마는
스치는 바람 소리 한 모금으로
아무 말 없이 하얀 밤을 새운다

* 단종이 귀양살이하는 청령포에서 그 모습을 다 보고 듣고 하였다고 해서 붙인 지름 수령 600년 소나무

그리움의 부활

주고받은 꽃다발이 다 말라비틀어져도
버리지 못한다
일기장 어딘가에 남아 있는
외로움보다 더 쓸쓸한 사람
언젠가부터 잃어버렸지만
도무지 생각도 안 해 본 사람

어느 날 갑자기
오래된 첫사랑의 편지를 꺼내 읽다가
흐려진 사진에서 빛을 찾아낸다
동이 터오고 햇살이 쏟아지듯
잠들어 있는 아이가 배내 꿈을 꾸듯

먼 기다림의 해후로
뼈 으스러지게 끌어안기 위해

쓸쓸하고 외로웠지만
당신이라는 생각이
무수한 사랑의 그림자를 그리며

벌떡 일어서는 걸 보면
여직 또렷한 기억으로 살아온 거야

예쁜 꽃밭을 가꾸며
잃어버렸던 너와 나의 씨앗으로 살아난 거야

소가죽 구두의 초원

발굽을 구르며 툭툭 털고 일어나는 새벽이면
혓바늘 돋는 입안에 침이 마른다

그믐달이
잿빛 구름에 갇힌 동쪽 하늘
맺힌 이슬방울을 집어 먹었다

허파를 쥐어짜며 초원을 질주하던 습성

눈을 감고도 오페라하우스 계단
오르내리는 것을 보면
이놈의 고향은 시드니가 분명하다

가슴에서 타오르는 불길 뽑아 들고
초원을 지나온 숨소리
허푸허푸 토하며
목이 길고 미소가 아름다운 여인과
하버 브리지를 걷고 있다
〈

살찐 주인의 무거운 몸을 끌고
짓밟히고 채여서
갈 길을 잃고 헤매
마음속 고여 있는 슬픔

너덜너덜해진 몸 끌고 풀 없는 초원 뜀박질한다

찍찍이는 알고 있다

수많은 인파 속에
갑자기 잡아당기는 옷소매

아는 사람인가 뒤돌아보니
전혀 낯선 아가씨의 옷소매와
나의 옷소매가 쩍 들러붙어
서로 잡아당기고 있다

아는 척 모르는 척
눈웃음이 간지러웠지만
멋쩍게 지나쳐버린 미소 잊히지도 않는다

찍찍이는 서로의 전생을 알아봤을까?
부모 몰래 내통하는 사이였을까

오고 가는 길이 달라
말 한마디 건네지 못하고 떼어낸 옷소매
잡아보지 못한 손
가슴까지 차오르던 숨결을 더듬는다

저절로 심드렁해지다가도
생각을 몰고 걸어 다니는 발자국 헤집어
당신을 잡아당긴다

꽃과 꽃의 사랑이
어우러지지 않았다면
하늘이 저리 온화할 리도 없고
수리산 철쭉이
저리 고울 수도 없고

찍찍이 사랑은
슬프디슬픈 발걸음 이지러진 봄으로
아지랑이처럼 아물거린다

돌고래

밴댕이 한 마리 얻어먹으려고
넓은 대양을 포기했나

온종일 관광객들의 박수 소리로
위로를 받나

서로 너나들이하면서
허물없이 지내던 둥글둥글한 흔적들
눈을 뜨지 않아도 선명하다

조련사의 호루라기 소리, 손놀림에
하늘로 솟구치기도 하고
앞발로 손뼉을 치기도 하고
꼬리 흔들어 아양을 떨기도 하고

배가 고플 때는
박수 소리가 이명처럼 들렸겠지
심장 뛰는 소리 방아 찧는 소리로 들렸겠지
〈

고독이 몸을 감고 물속으로 다이빙한다
물 위엔 짙은 안개 자욱하고
조련사의 호루라기 소리 들리는데

신호등이 없어 길을 잃어버렸다

넓은 오대양으로 발길 돌리려 해도
이정표가 없어 방향을 찾지 못한다

냉면

아버지는 그랬다

뱃속에서는
어서 넘기라고 아우성인데
혀는 놓아주지 않는다고

혀끝에 감기는 면발
퉁퉁 불어도
당기고 있는 맛은
시큼 칼칼하다고

왼쪽 눈이 못 본 사이
덥석 물고 시치미 뗀다

덕수궁 돌담길

여기에서 한 첫사랑의 약속은
이루어지지 않는다는데
지금 걸어가는 저 연인들 어찌 될까

돌담 위에 걸터앉은 가을이
떨어뜨린 가랑잎 하나
담장 밑에서 햇볕을 쬐고 있네

가냘픈 인연의 끈을 놓을 수 없어
하늘 호수에 띄워놓고 바라만 보고 있네

저 많은 낙엽들
애타는 사연을 알까 모를까
잠들 때는 한참 묵상이나 할까

오늘도 망설여지는 인연의 고리
담장을 의지하고 걸어가고 있네

단풍의 메별訣別

얼마나 아픈 사랑을 해야 저렇게 붉어질까?

잡은 손을 놓치고
밟히고 으스러지며 토해내는
신음

바스락바스락

아픈 가슴 쥐어 잡고 스친 바람이
저녁 호수에 잠긴다

실연의 아픔을 허공에 대고
푸념해보지 않고는 모를 일

어디선가 하늘에 오르지 못한 이파리들
얼룩진 마음을 덮어놓는다

겨울 속 봄을 들어 올리려고
어둠 속으로 걸어 들어가고 있다

4부

마음에 숨긴 그림자가 더 무겁다

내가 부르는 노래

여치는 나이 먹은 사람 귓속에 산다

나뭇잎 떨어지고 해지는 저녁이면
접동새 울음소리의 깊이처럼
늙어 가는 오솔길을 함께 걷는다

장대 같은 그림자와 앞서거니 뒤서거니

먼 길 가다가 잠시 쉬고 있으면
단풍잎 하나
허공의 문으로 들어와 저쪽 골목으로 사라진다

어느새 귓속에 둥지를 틀고 앉은 풀벌레
가을이 섧다고
내가 부르고 싶은 노래 먼저 부르고
내가 들을 말 먼저 듣고 딴소리한다

1004

어디에서 산고産苦 앓았을까

어린 새끼 얼굴이나 보았을까

계절은 저만치 가는데
어미는 때도 모르고
노오란 얘기 꽃송이를 피워 놓고
사라지고 없다

쓰레기통에 알몸으로 던져진
새끼는
그곳이 지옥인지도 모르고
어미를 찾는다

탯줄이 어디쯤 연결되어 있나
손발을 휘젓는다

퀴퀴한 냄새가 젖 냄새로 알고
입맛을 다신다

〈
손에 잡히는 것은
오물이 묻은 쓰레기들뿐

파르르 떨리는 숨소리
울음조차 목에 걸려 있다

쓰레기통 뚜껑이 열린다

천사가 천사를 꺼낸다

소금산*에서

파란 하늘의 한가운데 가을이 서 있다

거추장스러운 옷도 벗어버리고
발자국 소리도 없이 맨발로
숨이 가쁘도록 뛰어들고 싶다

지난 일은 바람에 스치면서
잘 보이는 것도 안 보면서
가끔 보이는 마음을 달래며
초점 없는 눈동자를 이리저리 굴려본다

어두운 밤에 무지개를 찾는 것처럼
그 끝을 묻지도 않고
그 길에 모여 있는 발자국들
앞서가는 그림자 따라
한없이 뛰어 가을 속으로 들어간다

이정표도 없이 가는 길에
잡념 뒷주머니 속에 집어넣은

기억 속의 어디쯤 그대 있는가

정오의 태양은 길을 잃고
오지도 가지도 못하고 서 있다

* 소금산 : 원주에 있는 산 출렁다리가 유명

눈이 침침하여 글인지 그림자인지 모르겠다

눈을 꼭 감아도
속이 훤히 들여다보일 거라는 착각

대들보가 무서운 게 아니라
마음에 숨긴 그림자가 더 무겁다

햇빛에도 그늘이 숨어 있고
허기진 뱃속에서 환청이 들린다

반 고흐의 '별이 빛나는 밤'은
가장 어둡고 힘들 때 그린 희망

외로운 나무에 새 한 마리 날아들어
지저귄다
어제 한 이야기를 오늘 또 해도 재미있고
거짓말을 해도 용서가 된다

작은 오솔길로 햇빛을 쫓아가다 보면
그림자들이 모여서

그날의 기억을 조작해 내고 있다

빛바랜 사진에서 빛을 찾는 것처럼
그림자로 보이다가 달아나 버린 어둠이
허기진 배꼽을 잡는다

울기만 하다가요

세상이 깜깜한 줄만 알았어요
눈을 뜨는 순간
태양이 있고 달이 있고 별도 있네요

7년 동안이나 땅속에서
하안거 동안거를 수행하고
수줍은 발걸음으로 환생했어요

세상에 나올 때
토룡선사土龍先師께서 당부
그 말씀이 생각이 안 나
아파트 방충망에 매달려 하소연하다가
속절없는 생을 하직하기도 해요

한 생이 14일밖에 안 되는데
흠뻑 젖은 마음으로 보름달도 쳐다보고
대학로에 가서 노래도 하고 싶어
울고불고
빈 발자국을 따라다니며

잠든 추억을 깨워보지만
작은 눈에서 떨어지는 큰 눈물방울

이제 가야지요

짝을 만나 대라도 이어놓으면 좋겠지만
울음으로 맛본 세상
울음을 안고 가야지요

창포

이름 없는 날도 봄이 되고
이름 없는 꽃도 아름답다

봄은 저만치 오면서
먼저 마음을 흔들어 놓는다

꽃은 아직 피지도 않았는데
연못을 가득 채운 창포
개구리를 불러 모아
목이 터지도록 노래를 부르고
새벽잠을 찾으려
아침을 뒤척인다

단오를 기다리는 누나
손톱 밑에 숨은 이야기들
오던 길 돌아서지 못하고
연둣빛 창포물에 머리를 감는다

백합꽃이 풍기는 향기처럼
마음은 언제나 봄으로 터진다

그 우물

한없이 이야기가 샘솟는다. 차갑게 뜨겁게 폴폴 솟고 있지만 사정은 가지각색, 계란 한 꾸러미를 싸 들고 시집간 쌍둥이네 큰딸은 사흘도 못 살고 쫓겨 왔다는 군, 아랫말 방앗간 집 큰 서방님은 읍내에서 멋쟁이 아가씨 팔짱을 끼고 다니드래요, 리장 집 둘째 아들은 서울 가서 공부하고 공무원이 됐다지요, 소리소문없이 퍼져나간다. 듣고 싶은 말도 많지만 내 하소연을 먼저 하고 싶다. 우리 집 양반도 요즘 속을 썩여요, 형님만 알고 계셔요, 다 듣고도 못 들은 척 빈 물바가지 큰 입을 다물지 못하고 하늘만 쳐다본다. 시어머니 눈치 볼 일도 없고 여우 같은 시누이 쫓아오지 이불 호창 빨아서 나뭇가지에 걸어 놓으면 버스에서 내린 시숙도, 지나가는 남정네들도 딴전을 부리며 못 본 체한다.

늦둥이 온종일 길바닥에서 저 혼자 자란다. 아무리 붙들어도 도망치는 요즘 손자 녀석들, 어미는 끼니때마다 밥그릇 들고 쫓아다녀도 밥 한 숟갈 먹이기 힘들다. 수도꼭지만 틀면 쏟아지는 물, 세탁기 버튼만 누르면 빨래는 끝, 우물에 모여 수다 떠는 보지 못하는 그 우물 홀로 낡아간다고 외로움 하소연하고 있다.

낯선 곳을 떠다니고 낯선 사람을 만난다

구름은 여기저기 들여다봐도
아는 이는 없다
날씨는 춥고 바람도 거세고

없는 구들에 불을 지피고 싶어
서운한 일들을 되씹으며 어두운 길을 혼자 걷는다
변심한 애인을 두고 가는 것처럼
혼자 말로 투덜거리지만
하늬바람이 지나가면 온데간데없다

어릴 적 놀던 친구들 이름을 불러보지만
메아리는 대답이 없다

오색구름을 주무르며 함께 놀던 얼굴들
한 몸이 되어 구르고
서로 바라보며 웃고

기러기 두 마리가 날아간다
〈

계절이 바뀌고 세월이 가고
박제가 되어 날아온 기러기 한 쌍
문갑 위에 앉아 기다려도 오지 않는 식구들

대관령 양 떼 목장

혼자 우는 산울림이 조용하다

하늘에서 내리는 햇빛
유순한 아기처럼
파란 풀잎 위로 내리쪼이고 있다

줄지어 늘어선 사람들의 행렬
손에는 어린양에게 먹일 건초를 들고
내 차례가 언제 올지 모르지만
기다리고 있다

흰 구름이 봄을 그리는
저쪽 산자락에 가만히 내려앉아
오고 가는 계절을 쓰다듬는다

하늘에 새겨진 새들의 발자국도
한쪽 발을 들고 하루를 쉬어 가고

살짝 얼굴만 보여 주고

구름 속으로 들어가는 초승달도
힐링하는 마을

알 수 없는 일

느닷없이 일어나는 회오리바람
허공을 뚫고 눈을 만든다

세상을 맴도는 눈이 시계방향으로 돌면
닫힌 문이 열리고
반대 방향으로 돌면 열린 문이 닫힌다

하늘에 등을 비비며 잠을 자는 새는
지붕을 만들지 않는다

계절의 가장자리를 돌며
허공을 제집 마당처럼 누리며 산다

비바람쯤은 깃털로 막아내고
빛을 입었다 벗어놓으면 밤이 된다

초승 달빛을 가로등 삼아
어둠의 깃털을 쓰고 이 집 저 집 마실 다닌다
〈

날 수 없는 인간을 비웃는 것은
애완견일까요
비둘기일까요
풍선일까요

살기 위해 허공을 긁어내리는 발톱 자국
발톱이 빠진 자리에 깃털이 날까

무한 리필

두근거리는 마음은 어떻게 달래주려나

침을 한번 꿀꺽 삼켜본다

잊히지 않은 웃음들이 머리를 디밀고
달팽이관을 지나는 기차 소리처럼
슬픔의 부스러기들이 여기저기 나뒹군다

붉게 물든 단풍
바람 속을 달려가는 계절을 뒤쫓아간다
구름 꽃이 피어나는 가을을 한껏 마신다

배가 출출한 관광객들
횡성을 그냥 지나치지 못하고
한우고기로 배를 채우는데 너무너무 먹는다

시간이 멈춘 듯 까만 하늘에
보이는 것 보다 안 보이는 별은
어느 누가 먹어 치웠는지 흔적이 없다

〈
마르지 않는 샘물처럼 솟아나는 욕심
고속도로가 달려가는 줄도 모른다

여름내 들여 마신 녹음의 알갱이들
솟구치는 기운이 되어
추워지는 날씨에 옷을 벗어 던지고
탱탱한 근육을 자랑하며
동장군에 맞서는 나무들

무엇이 더 필요하다는 말인가?

부부제약

혼자서 빛나는 별은 없다지

작은 숨소리 하나만으로도 교감하는 우리
좋은 추억 하나로
평생을 먹고 싶어
아끼면서 오래오래 씹고 있지

그 약은
사랑이라는 가정상비약

오래 묵은 집에 세월의 덮개가
쌓이는 것처럼
한 번도 떨어져 본 적 없는 그림자같이

연륜이 더해 갈수록 더 좋아지는 약

비 오는 날

외로움을 주워 담는 날

가슴을 적시는 도랑물이 모여드는 날

촉촉이 젖은 눈으로 안부를 전하는 날

지난 시간을 더듬으며 채우고
하루 종일
흩어지고 모여들어 부풀어 오르면

구름이 되고 바람이 되지

슬픔이 찢겨 가랑비가 되지

지난날을 다 풀어 보아도
지금은 알 수 없지만

그림자 가득 찬 호수에
반짝이는 윤슬이 되지

어머니 말씀

비 맞고 서 있는 나무에 기대서
비를 피한다

나는 어디를 가다가
여기에 서 있는 것일까

가는 길을 잃어서
그 자리에 서 있나

어릴 적 어머니 말씀

길을 잃어버리면 그대로 서 있거라
그러면 내가 찾아온다

우리와 많이 닮았다

입안 가득 가을이 씹힌다
밤낮을 가리지 않고
여물어가는 소리

부드러운 눈빛
가슴이 설레는 속삭임

하늘이 텅텅 비어도
햇살을 가득 채운
귀뚜라미 소리 푸르고 푸르러

그곳에 잠긴 너의 가슴 헤적이면
네가 나인지 내가 너인지

온종일 부신 햇살 속에서
가벼워지는 낙엽이
바람과 구름을 키운다

가진 것 다 버리고 떠나가는
우리와 많이 닮았다

징검다리

새마을 운동이 한창일 때
면사무소에서 징검다리를 없애고
콘크리트 다리를 놓자고 했다
마을 사람들은 절대로 그렇게는 할 수 없다고 반대하여
다른 곳으로 옮겨 다리를 놓았다

어느 핸가 큰비가 와 초등학생이
물에 빠져 떠내려가다가 징검다리를 붙잡고 살아났다
디딤돌이 굴러굴러 떠내려가다가
마을 사람들이 붙잡아 제자리에 앉혀놓은 적도 있었다
이렇게 서로를 지켜주는 인연으로
허공의 별들은 주저 없이 둥둥 떠다닌다
생각이 추억을 지날 때면 발자국은 보이지 않고
졸졸 흐르는 물은 온종일 일렁인다

　수백 년 묵은 징검다리 아직도 수호신으로 고사를 받
아먹는다
　그래야 마을에 안녕과 평화가 지켜진다고 생각한다
　학교 가는 학생들은 시냇물과 조잘거리며 오고 가고

마을 사람들은 징검다리를 건너야
무슨 일이나 잘될 것 같은 생각을 한다
매일 다니던 사람이 지나가지 않으면 궁금하고
온종일 마음과 생각의 흔적이 젖어 있다
잠잘 시간도 없고 추워도 닫을 문이 없다
깜깜한 저녁에 딸을 마중 나온 아버지
둔덕 위에 앉아서 뻐끔뻐끔 담배를 피운다
딸은 아버지가 마중 나와서 좋아하고
모르는 사람들은 도깨비불이라고 무서워한다

징검다리는 절대로 다른 곳으로 떠날 생각은 하지 않는다

탁갑 소리*

아무것도 피울 수 없는 뜰에
보랏빛 새벽이 어둠을 뚫고
환하게 웃는다

사춘기 눈동자
소리 없이 필 리 없다

세상의 어둠을 풀어 놓는 소리
잃어버린 시간을 거슬러 오른다

간절한 마음으로 그리워하고
좋아하는데 이유가 없다

탁갑 소리를 들으면 하늘이 열리고
메마른 가슴이 꽃을 피운다

햇살이 영그는 소리
진한 여운으로 다가오는 흙냄새는
희망의 횃불을 치켜드는 것

〈
뛰는 가슴엔 나이가 없다

* 탁갑 소리 : 씨앗의 껍질이 터지는 소리

■□ 해설

기억의 현재성과 자연친화적 상상력

박남희(시인, 문학평론가)

1. 초시간적 자연과 기억의 현재성

 인간은 삶의 유한성을 지닌, 시간의 지배를 받는 존재이지만, 자연은 순환적 시간의 영속성, 즉 초시간적 특성도 함께 지니고 있다. 유한한 인간이 자연을 동경하게 되고 자신의 삶을 자연에 잇대어 바라보고 싶어 하는 것도 이와 무관하지 않다. 이러한 성향은 "살어리 살어리랏다 청산(靑山)애 살어리랏다. 멀위랑 다래랑 먹고 청산(靑山)애 살어리랏다"로 시작되는 고려가요 청산별곡에도 선명하게 드러나 있다. 인간이 혼탁한 속세를 떠나 자연에 귀의하여 자연과 더불어 살고 싶어 하는 것은 한계적 시간의 불가능성을 넘어서는 초월적 힘이 자연 속에 있다고 믿기 때문이다. 인간이 기억을 통해서 과거로 시간여행을 떠나기를 즐겨하는 것도 본래 인간이 지닌 시간의 유한성을 넘어서 보려는 노력 중의 하나이다. 인간의 기억은 과거의 체험을 현재화해서 보여줌으로써 과거를 현재의 시공간 속으로 새롭게 소환한다. 이럴 때 과거의 체험은 더 이상 과거가 아니고 현재의 일부분으로 새롭게 자리매김 된다. 이때 과거의 현재화에 중요한 작용을 하는 것은 자연이다. 자연은 예나 지금이나 변함이 없어서 아무리 과학이 발달하고 시대가 변해도 자연은 변함없는 자신의 모습을 보여준다. 우리가 지리산을 등반할 때 30년 전에 갔던 지리산이 생생하게 떠오르는 것과도 같은 이치이다. 우선 다음의 시를 읽어보자.

    숲과 나의 경계가 없어진다
    햇살이 좋아
    바람도 같이 기대어 쉬고 있다

    탁해진 마음을 내려놓고
    긴 시간을 흘려보낼 때
    느닷없는

꽃들의 웃음소리 듣는다

마지막 남은 이파리 하나
가쁜 숨을 몰아쉬며
떨어진 낙엽 속으로 뛰어든다

아껴둔 책을 읽듯이 천천히
꽃과 나무들 눈을 맞춘다

낙엽 하나를 집어 든다
그물에도 걸리지 않는 바람처럼 행복하냐고
한 주먹 방석 삼아 팔베개하고 누우면
하늘에는 해도 떠 있고
움푹 파인 그믐달도 떠 있어
지나온 계절처럼 나 거기에 서 있다

- 「지난 계절로 서 있다」 전문

인간의 형상이나 마음은 시간이 흐름에 따라 크게 변하지만 자연은 변함이 없다. 그렇기 때문에 변화무쌍한 문명세계에서

상처받은 영혼들이 마음을 치유하기 위해 혼탁한 도시를 떠나 자연으로 들어가는 것은 너무나 당연한 과정이다. 위 시의 화자는 복잡한 현실에서 얻은 "탁해진 마음을 내려놓고/ 긴 시간을 흘려보낼 때/ 느닷없는/ 꽃들의 웃음소리"가 들려옴을 느낀다. 여기서 '긴 시간'은 화자가 자연과 하나가 되기 위해 필요로 하는 시간일 것이다. 화자는 숲에 들어 "아껴둔 책을 읽듯이 천천히/ 꽃과 나무들 눈을 맞"추고, 이런 과정을 통해서 서서히 "숲과 나의 경계가 없어진다". 그런데 이 시의 시적 상황은 "마지막 남은 이파리 하나/ 가쁜 숨을 몰아쉬며/ 떨어진 낙엽 속으로 뛰어"드는 가을이다. 화자는 떨어진 낙엽 하나를 집어 들고 "그물에도 걸리지 않는 바람처럼 행복하냐고" 묻는다. 여기서 '그물에도 걸리지 않는 바람'은 속박과 제약이 많은 인간의 삶과 대비되는 자연의 무위적 자율성을 상징하는 이미지이다. 화자의 낙엽을 향한 이러한 질문은 상대적으로 수많은 제약 속에서 살아온 인간의 삶을 역설적으로 반증해주는 것이다. 화자가 이 시의 말미에서 '지나온 계절'을 반추하고 있는 것은 과거처럼 변함없이 "하늘에는 해도 떠 있고/ 움푹 파인 그믐달도 떠 있"기 때문이다. 이럴 때 화자의 '지나온 계절'은 단순히 과거가 아니라 기억을 통해 현재화된 과거이다.

내가 하늘을 쳐다보고 웃으면

땅은 나를 보고 웃겠지

어둠이 무릎까지 차올라

길을 잃어

묵은 기억 한 자락 꺼내

뒤집어 보지

한 번도 가본 적이 없는 길

저절로 커지는

고요로 멈춰 있는 적막 들여다보지

발자국 소리가 그리워지는 곳

흰 나비 날개가 꿈을 꾸며

날아오르는 봄

쌀쌀할 겨를 없이

따듯할 겨를 없이

살금살금 기어 나와

사람들이 놓고 간

잊어버린 것들을 주워 담지

- 「어렴풋한 기억」 전문

    인간이 자신의 오래된 기억을 반추하고 싶어지는 것은 "어둠이 무릎까지 차올라/ 길을 잃"을 때 자신이 처해있는 곳의 좌표를 확인할 필요가 있기 때문이다. 그것은 밤길을 걸어가다 방향을 잃어버릴 때 밤하늘의 북극성을 보고 자신이 서 있는 곳을 가늠해보는 것과도 같은 것이다. 이럴 때 인간은 "묵은 기억 한 자락 꺼내/ 뒤집어 보"면서 "한 번도 가본 적이 없는 길/ 저절로 커지는/ 고요로 멈춰 있는 적막"을 들여다보게 된다. 여기서 '고요로 멈춰 있는 적막'은 혼탁한 인간 세상과 대비되는 절대적 고요가 있는 자연의 상징이다. 이럴 때 자연의 제유인, "흰 나비 날개가 꿈을 꾸며/ 날아오르는 봄"은 "쌀쌀할 겨를 없이/ 따듯할 겨를 없이/ 살금살금 기어 나와// 사람들이 놓고 간/ 잊어버린 것들을 주워 담"는다. 여기서 '사람들이 놓고 간 잊어버린 것들'은 오래된 기억일 것이다. 이렇듯 자연은 인간의 잊어버린 기억을 반추해서 새롭게 환기하는 역할을 한다. 이때 어렴풋한 기억은 생동하는 봄을 통해서 또렷한 기억으로 전경화된다. 이런 과정을 통해서 자연스럽게 "내가 하늘을 쳐다보고 웃으면/ 땅은 나를 보고 웃"는, 인간과 자연의 자연스러운 교감이 이루어지게 된다.

2. 새롭게 환기되는 봄의 기억과 가보지 못한 길

이기홍 시인의 시들에서 가장 빈번하게 나타나는 이미지는 길과 봄이다. 이것은 앞에서 예를 든 시 「어렴풋한 기억」에도 명시적으로 드러나 있다. 이 시에서 "한 번도 가본 적 없는 길"이 미지적 세계에 대한 호기심이나 미련이라면 "흰 나비 날개가 꿈을 꾸며/ 날아오르는 봄"은 화자가 과거에 경험했던 청춘으로서의 봄에 대한 그리움의 표현이다. 이기홍의 시에서 다른 계절에 비해 봄이 압도적으로 많이 나타나는 것은 시인의 마음에 변함없이 자리 잡고 있는 생동감 넘치는 젊음에 대한 열정 때문이다. 여기서 열정은 다양한 시를 통해 호기심이나 꿈, 또는 타자와의 적극적인 소통 의지로 확장된다. 그의 시에는 봄 이외에도 가을 이미지가 자주 나타나는데, 봄 이미지와 밀접한 관계를 이루면서 봄의 배경이나 후경의 역할을 하고 있다. 다른 말로 말하면 가을 이미지가 일상적 이미지라면 봄 이미지는 가을보다는 전경화된 이미지라고 말할 수 있다.

　　어제는
　　그렇게 곱더니
　　오늘은
　　땅에 떨어져 구르네

　　그새
　　이슬방울이 마르고
　　도도함이 고개 숙였네

　　강나루 벌
　　징검다리 건너온 훈풍
　　비우고 채워가며
　　저만치 지나가는데

　　여윈 눈그늘
　　밝은 햇살 한 모금으로
　　오월의 풀숲에서 일어나

비스무리한 그리움을 되새김질하며

지난 이야기로 날밤을 새우네

- 「봄의 그늘」 전문

 인생을 사계절로 비유하면 사랑이 꽃피던 젊은 시절은 봄에 해당한다. 하지만 꽃 피는 봄은 한곳에 마냥 머물러 있지 않는다. 계절이 봄을 지나 가을 겨울로 순환하듯 인생의 계절 역시 서서히 장년을 지나 노년 쪽으로 흘러간다. 그러나 인간은 아무리 나이를 먹어도 자신의 젊음이 한창 꽃피던 화양연화의 시절을 잊지 못한다. 이 시의 화자 역시 "어제는/ 그렇게 곱더니/ 오늘은/ 땅에 떨어져 구르"는 낙화를 보면서 "그새/ 이슬방울이 마르고/ 도도함이 고개 숙"인 채 아름답던 젊음의 한 시절이 지나갔음을 깨닫는다. 화자가 "강나루 벌/ 징검다리 건너온 훈풍"이 "비우고 채워가며/ 저만치 지나가"는 모습을 보면서 인생의 이치를 깨닫는 것은 건강하고 정직하다. 하지만 화자는 화려한 꽃의 이면에 있는 '봄그늘'을 본다. 여기서 '봄그늘'은 "밝은 햇살 한 모금으로/ 오월의 풀숲에서 일어나// 비스듬한 그리움을 되새김질하"게 하는, 그늘이라는 무의식 속에 감추어져 있던 봄빛 소망을 가리킨다. 이 시의 말미처럼 화자가 "그리움을 되새김질하며/ 지난 이야기로 날밤을 새우"게 되는 것도 이 때문이다. 이처럼 봄은 화자에게 있어서 그 어떤 계절보다 중요한 계절로 각인되어 있다.

얼마나 아픈 사랑을 해야 저렇게 붉어질까?

잡은 손을 놓치고
밟히고 으스러지며 토해내는
신음

바스락바스락

아픈 가슴 쥐어 잡고 스친 바람이
저녁 호수에 잠긴다

실연의 아픔을 허공에 대고
푸념해보지 않고는 모를 일

어디선가 하늘에 오르지 못한 이파리들
얼룩진 마음을 덮어놓는다

〈

겨울 속 봄을 들어 올리려고

어둠 속으로 걸어 들어가고 있다

- 「단풍의 몌별袂別」 전문

    젊은 시절에 경험했던 기억 중에서 제일 잊히지 않는 것은 사랑의 기억이다. 그중에서도 가슴 아픈 사랑과 이별에 대한 기억은 오랜 시간이 지난 후에도 잘 잊히지 않는다. 이 시의 화자는 가을에 붉게 물든 단풍을 보면서 "얼마나 아픈 사랑을 해야 저렇게 붉어질까?" 질문한다. 이런 질문은 일차적으로는 단풍에 대한 질문이지만 그 이면에는 가슴 아픈 사랑을 경험한, 자신을 포함한 모든 인간에 대한 질문이다. 그러므로 나뭇가지에서 떨어져 내려 "밟히고 으스러지며 토해내는/ 신음"은 단풍잎의 신음을 넘어 화자 자신의 신음으로 전이된다. 화자 자신의 실연의 경험이 배어 있는 "실연의 아픔을 허공에 대고/ 푸념해보지 않고는 모를 일"이라는 진술은 단풍의 몌별이 화자 자신의 몌별과 무관하지 않다는 것을 말해준다. 여기서 몌별의 사전적으로는 소매를 잡고 작별한다는 뜻으로, 섭섭하게 헤어짐을 이르는 말이다. 6연의 "어디선가 하늘에 오르지 못한 이파리들"의

"얼룩진 마음"은 온전한 사랑을 이루지 못한 화자의 미진한 마음을 암시해 준다. 그러므로 화자의 마음이 투영된 단풍 이파리들이 "겨울 속 봄을 들어 올리려고/ 어둠 속으로 걸어 들어가고 있"는 모습은 더욱 처연하게 느껴진다.

시인의 또 다른 시에서 "일기장 어딘가에 남아 있는/ 외로움보다 더 쓸쓸한 사람"이 "어느 날 갑자기/ 오래된 첫사랑의 편지를 꺼내 읽다가/ 흐려진 사진에서 빛을 찾아"내듯 갑자기 생각나는 것도 이루지 못한 사랑과 함께 무심코 지나가 버린 인생의 봄에 대한 아쉬움 때문일 것이다. 그러므로 이러한 경험을 한 사람에게는 "이름 없는 날도 봄이 되고/ 이름 없는 꽃도 아름"(「창포」)다울 수밖에 없다.

여치는 나이 먹은 사람 귓속에 산다

나뭇잎 떨어지고 해지는 저녁이면
접동새 울음소리의 깊이처럼
늙어 가는 오솔길을 함께 걷는다

장대 같은 그림자와 앞서거니 뒤서거니
〈

먼 길 가다가 잠시 쉬고 있으면

단풍잎 하나

허공의 문으로 들어와 저쪽 골목으로 사라진다

어느새 귓속에 둥지를 틀고 앉은 풀벌레

가을이 섧다고

내가 부르고 싶은 노래 먼저 부르고

내가 들을 말 먼저 듣고 딴소리한다

- 「내가 부르는 노래」 전문

가을 숲을 혼자 걷다 보면 풀벌레 울음소리가 유난히 선명하게 들릴 때가 있다. 특히 나이 먹은 사람에게 유난히 풀벌레 울음이 크게 들리는 것은 그가 살아온 인생의 울음이 풀벌레의 울음에 투영되어 들리기 때문일 것이다. 이 시의 화자가 "여치는 나이 먹은 사람 귓속에 산다"고 진술하고 있는 것도 이러한 맥락에서 이해된다. 이 시의 화자는 나뭇잎 떨어지고 해지는 저녁에 접동새 울음소리 가슴 깊이 느끼면서 "장대 같은 그림자와 앞서거니 뒤서거니"하면서 홀로 오솔길을 걷고 있다. 그러다 "먼 길 가다가 잠시 쉬고 있으면/ 단풍잎 하나/ 허공의 문으로 들어와 저쪽 골목으로 사라"지는 쓸쓸한 가을 풍경을 목도하게 된다. 이럴 때 "어느새 귓속에 둥지를 틀고 앉은 풀벌레"는 "가을이 섧다고" 화자가 "부르고 싶은 노래 먼저 부르고" 화자가 "들을 말 먼저 듣고 판소리"를 하고 있다. 여기서 '판소리'는 자연의 소리로도 다 충족 될 수 없는 화자의 마음의 소리에 대한 반어적 표현이다. 이렇듯 인간은 아무리 나이를 먹어도 그 "마음은 언제나 봄으로 터진다"(「창포」). 우리가 로버트 프로스트의 「가지 않은 길」을 읽으면서 시인의 마음에 공감하게 되는 것도, 수많은 인파 속에서 갑자기 옷소매를 잡아당기는 찍찍이를 통해서 낯선 아가씨와의 전생의 인연을 생각하는 시 「찍찍이는 알고 있다」에 드러나 있는 시인의 마음과 다른 것이 아니다. 시인은 이 시에서 "꽃과 꽃의 사랑이/ 어우러지지 않았다면/ 하늘이 저리 온화할 리도 없고/ 수리산 철쭉이/ 저리 고울 수도 없"다고 하여 스스로가 사랑의 예찬자임을 자임하고 있다.

3. 시인의 자연 사랑과 생태학적 상상력

이 세상에는 인간이 잘 알지 못하는 것들이 너무나도 많다. 특히 자연의 일들은 인간의 예상을 훨씬 벗어난 곳에서 다양한 모습으로 나타난다. 지구촌 한쪽에서는 홍수가 나서 수해민이 속출하는데 다른 한쪽에서는 극심한 가뭄으로 인간과 생물들이 고사할 위험에 노출되기도 한다. 이렇듯 자연의 미래는 인간의 인지능력의 범주를 훌쩍 벗어나 있다. 세계 도처에 코로나가 창궐하고 지구 온난화로 예기치 않은 기상이변이 발생하는 것은 인간의 문명 발전에 대한 관심이 자연을 사랑하는 마음에 앞서 있기 때문이다. 필자가 이기홍 시인의 시들을 읽으면서 시인의 자연 사랑에 대한 생각이 다양한 시에 골고루 편재해 있음을 발견한 것은 다행스러운 일이다. 시인이 자연을 사랑하는 것은 인간이 자연을 떠나서는 살 수 없다는 것을 알고 있기 때문이기도 하지만, 다른 한 편으로는 자연과 인간이 서로 닮아 있기 때문이다.

입안 가득 가을이 씹힌다
밤낮을 가리지 않고
여물어가는 소리

부드러운 눈빛
가슴이 설레는 속삭임

하늘이 텅텅 비어도

햇살을 가득 채운

귀뚜라미 소리 푸르고 푸르러

그곳에 잠긴 너의 가슴 헤적이면

네가 나인지 내가 너인지

온종일 부신 햇살 속에서

가벼워지는 낙엽이

바람과 구름을 키운다

가진 것 다 버리고 떠나가는

우리와 많이 닮았다

- 「우리와 많이 닮았다」 전문

  시인이 시를 쓰는 소재가 주로 자연에 있는 것은 무엇보다도 인간이 자연을 떠나면 하루도 살 수 없기 때문이다. 인간의 운명을 사주팔자로 점치는 것도 인간과 자연은 서로 다른 몸이 아니기 때문이다. 인간의 시간을 유년, 청년, 장년, 노년으로 구분하는 것은 자연을 봄, 여름, 가을, 겨울의 사계절로 나누는 것과 유사하다. 이렇듯 인간과 자연은 여러 측면에서 서로 닮아있다. 이 시의 화자가 시의 초두에서 "입안 가득 가을이 씹힌다"고 표현하고 있는 것은 시인에게 있어서 가을로 표현된 자연이 생생한 감각으로 느껴졌기 때문이다. 그리하여 시인은 자연이 "밤낮을 가리지 않고/ 여물어가는 소리"를 듣고, 자연의 "부드러운 눈빛"을 느끼고 "가슴이 설레는 속삭임"을 듣는다. 그렇기에 시인은 "하늘이 텅텅 비어도/ 햇살을 가득 채운/ 귀뚜라미 소리"를 들을 수 있는 것이다. 그리하여 시인이 그곳에 잠긴 귀뚜라미의 가슴을 헤적이면 귀뚜라미가 시인인지 시인이 귀뚜라미인지 모르게 일체감을 느끼게 되는 것이다. 인간이 빈손으로 왔다가 빈손으로 가듯이 계절의 끝에 이르러 "가진 것 다 버리고 떠나가는" 자연의 모습은 인간과 많이 닮아있다.

느닷없이 일어나는 회오리바람
허공을 뚫고 눈을 만든다

세상을 맴도는 눈이 시계방향으로 돌면
닫힌 문이 열리고
반대 방향으로 돌면 열린 문이 닫힌다
〈

하늘에 등을 비비며 잠을 자는 새는

지붕을 만들지 않는다

계절의 가장자리를 돌며

허공을 제집 마당처럼 누리며 산다

비바람쯤은 깃털로 막아내고

빛을 입었다 벗어놓으면 밤이 된다

초승 달빛을 가로등 삼아

어둠의 깃털을 쓰고 이 집 저 집 마실 다닌다

날 수 없는 인간을 비웃는 것은

애완견일까요

비둘기일까요

풍선일까요

살기 위해 허공을 긁어내리는 발톱 자국

발톱이 빠진 자리에 깃털이 날까

- 「알 수 없는 일」 전문

앞에서 잠깐 언급했듯이 자연의 일들을 인간의 인지능력으로 가늠해보는 것은 거의 불가능하다. "느닷없이 일어나는 회오리바람/ 허공을 뚫고 눈을 만든다"는 이 시의 첫 연은 자연의 이러한 특성을 단적으로 보여준다. 2연의 "세상을 맴도는 눈이 시계방향으로 돌면/ 닫힌 문이 열리고/ 반대 방향으로 돌면 열린 문이 닫힌다"는 표현은 지구의 자전 방향을 연상하게 해준다. 지구의 자전 방향이 바뀌면 지구에는 어떤 변화가 일어날까 하는 추측 기사를 얼마 전에 읽어 본 일이 있는데, 이 글에 따르면, 먼저 일출과 일몰의 방향과 시간이 바뀌고, 날씨 패턴과 해류에도 영향을 미쳐서 심각한 기상이변과 생태파괴 현상을 야기할 수 있다고 한다. 이 시는 "하늘에 등을 비비며 잠을 자는 새는/ 지붕을 만들지 않는다// 계절의 가장자리를 돌며/ 허공을 제집 마당처럼 누리며 산다// 비바람쯤은 깃털로 막아내고/ 빛을 입었다 벗어놓으면 밤이 된다"는 표현을 통해, 자유로운 자연(새)과 한계상황 속에 놓여 있는 인간의 삶을 대비시키고 있다. 이러한 시인 인식의 저변에는 생태학적 상상력이 자리하고 있다. 이 시의 말미에서 화자가 "날 수 없는 인간을 비웃는 것은/ 애완견일까요/ 비둘기일까요/ 풍선일까요// 살기 위해 허공을 긁어내리는 발톱 자국/ 발톱이 빠진 자리에 깃털이 날까"라고 자문하고 있는 것에서 그러한 시인 의식이 단적으로 드러나 있다. 그러므로 "살기 위해 허공을 긁어내리는 발톱"을 가진 인간이 그 발톱의 야욕을 내려놓지 않는 이상 "발톱이 빠진 자리에 깃털"이 나는 기적은 일어나지 않을 것이다.

두근거리는 마음은 어떻게 달래주려나

침을 한번 꿀꺽 삼켜본다

잊히지 않은 웃음들이 머리를 디밀고
달팽이관을 지나는 기차 소리처럼
슬픔의 부스러기들이 여기저기 나뒹군다

붉게 물든 단풍
바람 속을 달려가는 계절을 뒤쫓아간다
구름 꽃이 피어나는 가을을 한껏 마신다

배가 출출한 관광객들
횡성을 그냥 지나치지 못하고
한우고기로 배를 채우는데 너무너무 먹는다
〈

시간이 멈춘 듯 까만 하늘에

보이는 것 보다 안 보이는 별은

어느 누가 먹어 치웠는지 흔적이 없다

마르지 않는 샘물처럼 솟아나는 욕심

고속도로가 달려가는 줄도 모른다

여름내 들여 마신 녹음의 알갱이들

솟구치는 기운이 되어

추워지는 날씨에 옷을 벗어 던지고

탱탱한 근육을 자랑하며

동장군에 맞서는 나무들

무엇이 더 필요하다는 말인가?

- 「무한 리필」 전문

인간은 어머니의 몸에서 분리되어 이 세상에 나오는 순간 커다란 울음을 터뜨린다. 이 울음은 아마도 한 인간으로서의 그가 앞으로 살아갈 세상을 향한 상징적 의미로서의 울음일 것이다. 그런데 인간은 세상에 태어나는 순간부터 걱정을 안고 살아간다. 막 태어나는 아기의 울음도 어쩌면 이러한 걱정과 무관하지 않을 것이다. 천상병 시인은 그의 시 「나의 가난은」에서 "오늘 아침을 다소 행복하다고 생각하는 것은/ 한 잔 커피와 갑 속의 두둑한 담배,/ 해장을 하고도 버스값이 남았다는 것.// 오늘 아침을 다소 서럽다고 생각는 것은/ 잔돈 몇 푼에 조금도 부족이 없어도/ 내일 아침 일도 걱정해야 하기 때문이다."라고 자신의 가난한 삶에의 자족과 걱정을 솔직하게 밝힌 적이 있다. 평생을 욕심 없이 살았던 자족의 시인 천상병도 내일 아침 일을 걱정하지 않을 수 없었듯이, 인간은 한순간도 걱정에서 자유로울 수 없다. 그런데 인간의 걱정의 기저에는 만족을 모르는 인간의 욕망이 자리하고 있다.

이 시에서 화자는 여러 관광객들과 함께 "두근거리는 마음"을 안고 여행을 떠난다. 여행을 떠나는 화자의 머릿속은 "잊히지 않는 웃음들"과 "슬픔의 부스러기"가 교차하면서 어지럽다. "붉게 물든 단풍/ 바람 속을 달려가는 계절을 뒤쫓아간다/ 구름 꽃이 피어나는 가을을 한껏 마신다"는 시인의 진술 속에는 설레는 마음과 기쁨이 묻어 있지만, "배가 출출한 관광객들/ 횡성을 그냥 지나치지 못하고/ 한우고기로 배를 채우는데 너무 너무 먹는다"는 진술 속에는 자신의 욕심을 제어하지 못하는 인간에 대한 실망과 슬픔이 배어 있다. 화자는 이 시를 통해서 "마르지 않는 샘물처럼 솟아나는 욕심/ 고속도로가 달려가는 줄도 모른다"고 하여 무한한 인간의 욕심을 꼬집고 있다. 이러한 인간의 욕심은 "여름내 들여 마신 녹음의 알갱이들/ 솟구치는 기운이 되어/ 추워지는 날씨에 옷을 벗어 던지고/ 탱탱한 근육을 자랑하며/ 동장군에 맞서는 나무들"의 무욕과 대비된다. 자연은 스스로 무한리필 되며 스스로를 정화시켜 나가지만, 인간의 끝없는 욕심은 자연생태를 파괴하고 결국은 인간 스스로를 파괴하는 심각한 형국을 낳게 된다.

4. 일상 속에서 발견한 생명 의식과 모성성

이기홍 시인의 시가 지닌 장점은 그의 시가 일상에 뿌리박고 있어서 허황되거나 과장됨이 없다는 점이다. 시인은 자신이 살아가는 세상을 관조하듯 산책하면서 발견한 것들을 시에 자주 등장시킨다. 이런 관점에서 보면 이기홍 시인은 삶의 언어적 산책자로서의 플라뇌르(flâneur)라고 말할 수 있다. 자연을 자세히 관찰하다 보면 자연 속의 수많은 군상들이 자신의 길을 산책하고 있는 모습을 보게 된다. 이런 때 자연은 수많은 산책자들의 놀이터라고 말할 수 있다. 이기홍의 시 중에서 이러한 산책자의 모습을 가장 선명하게 보여 주는 시는 「둘레길에서」이다. "햇살 좋은 날을 작은 눈에 가득 담기는 호젓한 길 걷는다 얽매이지 않는 바람처럼 오아시스가 지천이어도 목을 축이지 않으면 무용지물, 꽃 같은 마음으로 보면 모두가 꽃으로 보이고 부처의 마음으로 보면 모두가 부처다 푸르디푸른 자연이 소곤소곤 모든 신비로움이 달아날까 봐 까치발로 걷는다 산길엔 말과 글로 배울 수 없는 것들이 즐비하게 널려 있다"가 전문인 이 시는 산책자로서의 시인이 자연을 대하는 태도가 어떤지를 선명하게 보여 준다. 이 시의 끝부분처럼 "산길엔 말과 글로 배울 수 없는 것들이 즐비하게 널려 있"어서 인간이 만들어서 보여 줄 수 없는 신비로운 것들을 자연은 우리에게 선물처럼 안겨준다. 우리가 자연을 바라볼 때 가장 경이롭게 느껴지는 것은 자연의 생명성이다. 어찌 보면 서로 먹고 먹히는 생태의 먹이사슬 관계에 놓여 있는 것이 자연의 생리이지만 넓게 보면 그런 모습에서도 신비로운 자연의 생명성이 감지된다.

일개미가 제 몸보다 열 배나 큰 애벌레를 끌고 간다
아니 애벌레가 일개미를 끌고 간다
서로를 부둥켜안고 이리 뒹굴 저리 뒹굴

목마른 꿈속처럼

하늘을 올려다보고 땅을 내려다보고

주름과 주름 사이

팽창하는 힘이 일개미를 물면

애벌레의 꿈 서서히 날아오른다

허공의 난간을 붙들고 전진하는 고난의 순례길

시작도 끝도 보이지 않는 길

전생의 뿌리가 내비게이션을 따라온 것처럼

익숙하지도 않은 생의 주름을 폈다 오므리며

한번 살아보겠다고, 기어이 살아내겠다고

- 「주름의 기억」 전문

   이 땅에 하나의 생명으로 태어나 그 생명을 지켜내며 살아가는 것은 그리 쉬운 일이 아니다. 위의 시에서 '주름'은 어떠한 어려움도 이기고 기어이 생명을 보존해 나가는 생명성의 상징이다. 이 시에서 일개미는 "제 몸보다 열 배나 큰 애벌레를 끌고 간다". 이러한 상황을 화자는 "허공의 난간을 붙들고 전진하는 고난의 순례길"로 표현하면서도 한편으로는 일개미와 애벌레가 서로를 안고 뒹구는 모습에서 신비한 생명의 춤을 보는 듯한 태도를 보여 준다. 2연에서 화자는 이들 사이에 "주름과 주름 사이/ 팽창하는 힘"이 있음을 이야기하고 있는데, 이것을 다른 말로 말하면 자연이 지닌 근원적 생명성의 또 다른 표현이라고 볼 수 있다. 여기서 자연의 근원적 생명성은 "전생의 뿌리가 내비게이션을 따라온 것"같은 생래적 특성을 지니고 있는 것이다. 하지만 이러한 생명성이 행위로 나타날 때는 어딘가 익숙하지 않은 주름의 기억이 뒤따르게 마련이다. 이러한 낯설음을 이겨내기 위해서는 "한번 살아보겠다고, 기어이 살아내겠다고" 발버둥 치는 생명에의 의지가 필요하다.

    유모차를 끌고 가는 할머니의 꼬부린 허리
    땅을 끌어 올린다
    무당벌레처럼 납작 엎드려도
    떨어지지 않는 걸음마
    왼발이 오른발을 끌고
    오른발이 왼발을 끌며 시간을 재촉한다

건널목 저편에서

엄마 모습이 어른거린다

손을 잡아당기면

입안에 달콤한 젖 내음이

울컥울컥 담길 것 같다

시간은

딱 3초 남아 있다

나이를 짊어진 무게

빠져나오지 못했는데

신호등이 등을 떠민다

텅 빈 길을 잃고 헤매는 순간

숨죽이고 있던 어둠 미끄러져 내린다

한 번도 가본 적 없는 길가에

만개한 꽃들

아무 표정 없이 서서히 시들어간다

신호등에는 다시 30초가 켜진다

- 「건널목이 운다」 전문

　　앞의 시가 일개미와 애벌레 간의 애절한 사투가 시적 모티브였다면 이 시는 유모차를 끌고 건널목을 건너는 할머니와 너무 빨리 바뀌는 신호등과의 긴장감을 시적 모티브로 차용하고 있다. 시인은 이 시의 서두에서 "유모차를 끌고 가는 할머니의 꼬부린 허리/ 땅을 끌어 올린다/ 무당벌레처럼 납작 엎드려도/ 떨어지지 않는 걸음마/ 왼발이 오른발을 끌고/ 오른발이 왼발을 끌며 시간을 재촉한다"는 표현을 통해 할머니를 몸짓이 느린 벌레처럼 묘사하고 있다. 그런가 하면 2연에서는 "건널목 저편에서/ 엄마 모습이 어른거린다/ 손을 잡아당기면/ 입안에 달콤한 젖 내음이/ 울컥울컥 담길 것 같다"고 하여 할머니를 젖먹이처럼 바라보고 있다. 물론 이러한 시인의 관점은 어느 정도 희화화된 감이 없지 않지만, 시인이 할머니를 이렇게 묘사하고 있는 숨은 의도는 문맥에 어느 정도 드러나 있다. 즉 시인은 나이 많은 할머니를 유한한 시간성의 상징인 횡단보도에 등장시킴으로써 인간의 고귀한 생명성을 한계적 시간성 위에 전경화시키고 싶었을 것이다. 이런 관점에서 보면 이 시의 건널목은 유한한 시간성을 지닌 인생을 상징하는 이미지로 읽힌다. 6연의 "한 번도 가본 적 없는 길가에／ 만개한 꽃들"은 어눌한 할머니의 걸음과 대비되는 아이러니적 대상이다. 하지만 그러한 꽃들도 "아무 표정 없이 서서히 시들어"갈 수밖에 없는 유한한 생명성을 지닌 존재라는 점에서는 다를 바가 없다.

엄마는 지푸라기 한 다발 깔아 놓고 나를 낳았다지

보이는 건 다 목마른 것들뿐
지루한 하루를 헹구어낸 그림자들뿐

세상을 뚫고 나온 첫울음이
헛발질부터 배웠겠지

한 줌 햇살이 찢어진 문틈으로
들여다보았을 것인데

손에 잡은 지푸라기 한 가닥
뿌리가 뻗고 잎이 자라 흙냄새 물씬 나면
갓 태어난 나비처럼 팔다리 퍼덕였겠지

〈

뿌리 깊은 곳에서 끄집어낸 아픔으로

숨이 차오르는 가지마다

붉은 꽃 노란 꽃 피어났겠지

꼭 잡은 지푸라기 잡아당겨 벌떡 일어섰겠지

- 「지푸라기의 힘」 전문

    어머니의 일 중에서 열 달 동안 뱃속에 아기를 품었다가 힘겨운 산고 끝에 낳아 정성껏 길러내는 일만큼 귀하고 성스러운 일은 없을 것이다. 이 시의 첫 연을 보면 화자의 엄마가 화자를 낳은 곳은 "지푸라기 한 다발 깔아 놓"은 허름한 집이다. 2연의 "보이는 건 다 목마른 것들뿐/ 지루한 하루를 헹구어낸 그림자들뿐"이라는 표현에서 당시 산모가 처해 있는 상황이 얼마나 척박했는지가 드러난다. 시인은 아기가 태어나면서 헛발질을 하다가 손에 한 가닥 지푸라기를 잡았으리라는 가정을 하면서 "손에 잡은 지푸라기 한 가닥/ 뿌리가 뻗고 잎이 자라 흙냄새 물씬 나면/ 갓 태어난 나비처럼 팔다리 퍼덕였겠지"라는 상상을 한다. 물론 이러한 표현은 상상을 통해서만 가능할 뿐 현실성이 전혀 없는 표현이지만, 시인이 이러한 표현을 쓴 것은 여기서의 '지푸라기'가 단지 말라비틀어진 생명 없는 존재가 아니라 무한한 생명성을 지닌 모성성의 상징으로 느껴졌기 때문일 것이다. 이 시의 마지막 연의 "뿌리 깊은 곳에서 끄집어낸 아픔으로/ 숨이 차오르는 가지마다/ 붉은 꽃 노란 꽃 피어났겠지/ 꼭 잡은 지푸라기 잡아당겨 벌떡 일어섰겠지"라는 표현도 이러한 관점에서 읽으면 쉽게 수긍이 간다. 즉 이 시의 제목인 '지푸라기의 힘'은 다름 아닌 '어머니의 힘'인 셈이다. 특히 이 시는 어머니라는 모성성을 지푸라기라는 식물 이미지와 결합하여 대지적 상상력으로 확장하고 있다는 점에서 에코페미니즘 시의 범주에 포함할 수 있다.

이상에서 살펴본 바에 의하면 이기홍 시인의 시들은 과거의 기억을 바탕으로 하고 있으면서도 그것이 단순히 지나간 과거의 기억이 아니라 초시간적 자연을 통해서 현재화한 기억이라는 점에서 변별점을 지니고 있다. 그의 시에서 눈에 띄는 이미지는 봄과 길인데, 이것은 그가 인생의 봄 시절에 이루지 못한 꿈과 가보지 못한 길에 대한 열망을 드러내는 중요한 이미지들이다. 이러한 열망 속에는 나이를 넘어서는 영원한 젊음을 지향하는 '꺾이지 않는 열정'이 감지된다는 점에서 예술가적 기질과 의지가 읽힌다. 또한 그의 시는 인간에 대한 열정뿐 아니라 자연에 대한 무한한 사랑과 생태학적 상상력을 지니고 있다는 점에서 또 다른 의미를 지닌다. 그의 시는 자연이 본질적으로 인간과 다른 것이 아니라는 의식에서 출발하고 있다. 이러한 시인의 식은 그의 일상적 시들에서 감지되는 생명의식과 모성성에까지 닿아 있어서 한층 시의 품격을 높여주고 있다.